✝

MAURICE PÉRU

LIEUTENANT AU 4ᵉ RÉGIMENT D'INFANTERIE DE MARINE

DÉCÉDÉ A NICE, LE 25 JANVIER 1883

EXTRAIT DU RAPPORT

lu par M. Philippe Hardouin, à la réunion générale des anciens
Élèves de la Providence, le 19 Juin 1883.

ABBEVILLE

IMPRIMERIE C. PAILLART

24, rue de l'Hôtel-de-Ville, 24

1884

✝

MAURICE PÉRU

LIEUTENANT AU 4ᵉ RÉGIMENT D'INFANTERIE DE MARINE

DÉCÉDÉ A NICE, LE 25 JANVIER 1883

EXTRAIT DU RAPPORT

*lu par M. Philippe HARDOUIN, à la réunion générale des anciens
Élèves de la Providence, le 19 Juin 1883.*

ABBEVILLE

IMPRIMERIE C. PAILLART

24, rue de l'Hôtel-de-Ville, 24

1884

Maurice PÉRU

Il me reste, Messieurs, à vous entretenir des vides toujours trop nombreux, hélas ! que la mort a faits dans nos rangs. Depuis notre dernière réunion, quatre de nos camarades ont été rappelés à Dieu.

Le quatrième, Maurice Péru, lieutenant d'infanterie de marine, est mort à Nice à 25 ans, victime de fatigues et d'épreuves inouïes, subies au service du drapeau dans le centre de l'Afrique. La vie, qu'il a si prématurément quittée, semblait lui ouvrir pourtant un carrière brillante, glorieuse même, et utile à son pays.

Maurice Péru appartenait à une de ces vieilles familles de notre cité Picarde, chez lesquelles le dévouement est une tradition, et l'honneur, un patrimoine précieusement conservé sous la sauvegarde des vertus et des croyances chrétiennes.

Un an après sa sortie de St-Cyr, il demandait à partir pour celle de nos colonies qui est la plus redoutée à raison de son climat meurtrier et de la férocité des peuplades qui l'entourent, pour le Sénégal. Il avait soif de périls, il en trouva de tous genres et s'y montra digne de ce qu'on devait attendre de lui. A son arrivée à St-Louis, éclate une épidémie de fièvre jaune ; il est éprouvé une première fois par la terrible maladie et passe 20 jours sur un lit d'hôpital. Il part néanmoins peu de temps après, au mois de Février 1881, pour une lointaine expédition dans le Fonta, il y reste jusqu'en Juin.

A son retour à St-Louis se déchaîne alors la plus épouvantable épidémie de fièvre jaune qu'on y ait jamais vue ; sur 520 blancs restés dans cette ville, du 23 juillet au 15 septembre, 23 seulement échappent au fléau ; sur 23 officiers, 4 survivent, dont notre camarade, qui avait été une seconde fois atteint par la contagion. Il n'était pas encore guéri qu'il veut voler à de nouveaux dangers ; sur sa demande, il prend part à une expédition sur le Haut-Niger sous les ordres du brave colonel Borgnis-Desbordes. Arrivés à Kita, les Français reçoivent des envoyés de Keniera, bourgade alliée, leur demandant du secours contre Samory grand chef d'une tribu des plus belliqueuses : il se détache alors une colonne de 180 hommes dont 30 blancs environ ; Péru en fait partie ; elle traverse le Niger que seuls avant elle 4 Européens avaient vu et qui n'avait encore été franchi que par l'un d'eux : elle va droit à Samory qui avait sous ses ordres 4000 hommes que cette poignée de braves met en déroute complète, mais hélas ! en perdant beaucoup des siens. Quoique profondément éprouvée par le feu et les fatigues, la petite colonne continue sa marche héroïque et arrive enfin à Keniera où elle ne trouve plus que des cadavres, la ville ayant été prise quelques jours avant par le chef noir. Elle revient à Kita, poursuivie et harcelée sans cesse par les troupes de Samory : Péru prend alors le commandement d'un fort où il reste seul pendant 2 mois à la tête de 15 noirs, tous les blancs qu'on lui envoyait mourant de la fièvre pernicieuse en quelques heures : lui même en éprouve plus d'une fois les atteintes. Assez heureux pour y échapper, il est relevé de son commandement périlleux et revient à St-Louis en juillet 1882.

Il venait d'être pendant 10 mois en expédition par des chaleurs épouvantables sans autre nourriture que du biscuit et du lard salé, en alerte continuelle au milieu de populations hostiles et barbares avec lesquelles la guerre revêt nécessairement le caractère d'une implacable férocité.

Au milieu de ces dangers quotidiens, Péru s'était distingué par son sang-froid, son énergie et son mépris de la mort ; il avait été porté deux fois pour la croix, et s'il ne vécut pas assez pour l'obtenir, il conquit du moins à la pointe de l'épée son grade de lieutenant. Mais les fatigues et la maladie exigeaient son retour en

France. Il eut un congé de convalescence de 3 mois, et venait de reprendre son service à Toulon, lorsque dans un voyage à Nice, il fut soudainement frappé par une fièvre typhoïde contre laquelle il se débattit quelque temps, et qui finit par triompher de son organisme profondément altéré par deux années de souffrance.

Ceux d'entre vous qui l'ont connu, Messieurs, se rappellent son caractère loyal, enjoué, plein d'attraction et de jeunesse, les élans de son âme ouverte à toutes les nobles inspirations, la fermeté de ses convictions religieuses qui ne l'abandonnèrent jamais : il donna à ce dernier point de vue le plus touchant de tous les exemples : à St-Cyr, au camp de Châlons, dans les diverses garnisons qu'il occupa tant en France qu'au Sénégal, au milieu des dangers de la guerre comme au sein de la paix, il remplit toujours simplement, fidèlement, sans ostentation, mais sans respect humain tous ses devoirs de chrétien ; et quand après avoir vu si souvent la mort en face sur les champs de bataille, il la retrouva de nouveau à son chevet de malade, dépouillée de cette auréole de gloire et de ce noble attrait qu'elle présente aux âmes généreuses dans l'exaltation du combat, il l'envisagea de ce regard tranquille que peut seule inspirer la foi en nos destinées surnaturelles, et fit à Dieu, en pleine connaissance, le sacrifice de sa vie à peine commencée et déjà si bien remplie.

Honneur à sa mémoire ! Messieurs, honneur à son âme

vaillante et à son noble exemple ! honneur à cet ancien élève des Jésuites qui en aimant son pays et en mourant pour lui a si complètement témoigné de sa fidélité aux enseignements que nous avons tous reçus !

Abbeville. — Imprimerie C. Paillart.

16